Und was ist mit mir, wenn Du stirbst?

Eine erste Hilfe für Deine Angst vor dem Verlust

Amöna Landrichter

Impressum

Verlag: BoD · Books on Demand GmbH, In de Tarpen 42, 22848 Norderstedt

Druck: Libri Plureos GmbH, Friedensallee 273, 22763 Hamburg

Urheberrecht: © 2024 Amöna Landrichter

Illustrationen: Amöna Landrichter

Autorenfoto: Matthias Heinrich

Gestaltung und Satz: Petra Plociennik

1. Auflage 2024

ISBN: 978-3-7583-4295-0

Inhalt

Du und die Angst 10

Woher kommt die Angst überhaupt? 12

Was hat es mit der „Angst vor dem Sterben eines anderen" auf sich? 15

Was die Angst mit Dir macht 17

Was Du mit der Angst machen kannst 19

Ideen zur Begegnung mit der Angst 20
Wenig Zeit 20
Atmen 20
4-7-8 21
Stoßatmen 21
Bauchatmung 22
Mehr Zeit 23
Schreiben – Journaling 23
Dein inneres Kind befragen 25
Mit der Angst Tee trinken 27

Du und der, der stirbt 29

Warum ist der andere so wichtig? 31

Was kann nur der andere? 33

Was macht den anderen so besonders? 35

Ideen zur Begegnung mit dem anderen & Ausnutzen der gemeinsamen Zeit 37
Dankbarkeit 38
Plan B und C und D 39
Was ich noch mit Dir unternehmen möchte 40
Erinnerungsalbum 41

Du und das, was bleibt oder:
worauf Du Dich verlassen kannst 42

Worauf Du Dich verlassen kannst 44
Die Jahreszeiten 47
Die Gezeiten – Ebbe und Flut 49
Die Gefühlsamplitude 50
Lachen und Weinen 51
Geben und Nehmen 52
Reden und Schweigen 53
Was Ihr füreinander seid 55

Zurück zu Dir 57
Dich selbst umarmen 61
Zeitreise zu Dir 62
Deine Musik hören 63

Was braucht es jetzt eigentlich,
um zu überleben? 64

Hier. UND. Jetzt. 65
Amöna Landrichter 69

Diese drei Begegnungen stehen für drei der wichtigsten Menschen in meinem Leben: mein Mann, meine Mutter und mein Vater. Alle drei sind am Leben und bei guter Gesundheit, dennoch gibt es kleine Anzeichen, die auf die Endlichkeit hinweisen.

Und so durchjagt mich hin und wieder ein Schauer und es stellt sich mir die schreckensvolle Frage: Was ist, wenn einer der drei stirbt?

Wie kann ich das überleben? Kann ich es überhaupt überleben? Wie halte ich den Schmerz aus, der schon jetzt unvorstellbar und viel zu groß zu sein scheint?

Man könnte meinen, dass ich mich, als ausgebildete Therapeutin und in einem Hospiz arbeitend, mit solcherlei Fragen auskennen müsste. Ich sollte doch erst recht alle Techniken und Methoden beherrschen! Und ich müsste doch in Abschied geübt sein.

Oder?

Ja, solange es mich nicht trifft, kann ich stark und stützend sein, kann die Endlichkeit des Schmerzes aushalten, mich in die Trauer einfühlen – und für mich eine Grenze setzen.

Aber wenn es um mein persönliches Leben geht und um die Menschen, die mich begleiten, mich unterstützen und es nur gut mit mir meinen, dann wird es schwer. Dann werde ich zur Angehörigen, und zwar ausschließlich. Dann bin ich die, die schwere Verluste betrauern wird und nicht weiß, wie sie damit umgehen soll.

Nun kommt das große UND.

UND ich war schon immer jemand, die sich das anschaut, vor dem sie so große Angst hat. Wenn ich an ein Gefühl oder eine Tatsache komme, die mich aushebeln und zur Unfähigkeit treiben will, dann gehe ich erst recht los. Stelle mich dem und will herausfinden, wie ich damit umgehen kann.

Ob ich hoffe, dass damit der Schmerz kleiner wird?

Na klar!

Ich weiß aber auch, dass ich handlungsfähig werde, wenn ich mich nicht mehr verstecke. Dass sich Hoffnung zeigt, wenn ich ihr eine Berechtigung gebe.

Und das erreiche ich, in dem ich dem großen Ungeheuer direkt in die Augen schaue. Vielleicht erschreckt es mich zunächst, dann aber werde ich ruhig.

Über die Jahre hinweg habe ich festgestellt, dass es diese Furcht nicht nur bei mir gibt. Ich habe immer wieder mit Menschen in unterschiedlichen Kontexten über die Frage: „Was mache ich, wenn mein Nächster stirbt?" gesprochen. Gerade in den letzten Tagen und Wochen vor einem Todesfall sind diese Frage und die damit verbundene Angst Hauptthema. Auch Menschen, die schon jemanden verloren haben und nun voller Sorge auf ihren verbliebenen Partner oder Elternteil schauen, erzählen von ihrer großen Befürchtung. Was geschieht, wenn nun auch noch diese Person stirbt?

Nach allerlei Denken und Fühlen kam mir die Idee dieses Büchleins. Es soll ein Wegbegleiter sein, ein Gefühls-Ermöglicher; vielleicht ein Tröster, in jedem Fall aber ein gedanklicher Vorbereiter.

Du kannst ihn portionsweise oder in einem Stück lesen. Du kannst die Impulse aufgreifen und weiterdenken. Du kannst Dir das Buch aber auch erst einmal ins Regal stellen. Dann weißt Du: dort steht etwas, mit dem ich mich ein kleines Stück vorbereiten kann. Und wenn es soweit ist, dann fange ich damit an.

Ich habe angefangen und lade Dich jetzt ein, mitzumachen.

Bist Du dabei?

Hinweise

Ich spreche Dich in diesem Buch mit „Du" an. Ich schreibe von einem intimen Prozess und seinen Konsequenzen. Und damit meine Worte und Ideen Dich tief in Deinem Herzen erreichen, schicke ich sie per „Du-Taxi". Damit wissen die Wächter an Deiner Herztür automatisch, dass es um eine wichtige Botschaft geht, die um Einlass bittet.

Wenn Du genaue Erklärungen und Hintergründe zu einer bestimmten Technik oder einem Modell erwartest, empfehle ich Dir eines der vielen Bücher, die schon auf dem Markt sind. Ich habe diesen Begleiter bewusst praktisch gehalten, damit er direkt in die Gefühlswelt hineinwirkt. Die Theorien und Konzepte hinter meinen Ausführungen habe ich nicht erklärt, damit Du Dich ohne Umweg in das Tun und Denken hineinbegeben kannst.

Ich wechsele die Geschlechterform laufend im Text. Das mache ich, damit Du die Lust am Lesen nicht verlierst und Dich dennoch respektiert fühlst.

Dieses Büchlein ist kein Therapieersatz. Es gibt Themen, die kann man nur mit einem Gegenüber erarbeiten und verstehen. Wenn Du also merkst, dass die Angst nach einer Weile nicht abnimmt, sondern noch viel größer wird, dann leg dieses Büchlein beiseite und such Dir jemandem, mit dem Du über Deine Gefühle sprechen kannst. Bei ganz akuter Not ist das Krisentelefon der Telefonseelsorge eine wunderbare erste Hilfe: 0800 11 10 11.

Du und die Angst

Zuallererst: es ist ganz normal, dass Du Angst oder Sorge hast, einen nahen und geliebten Menschen zu verlieren. Wenn er Dir nicht wichtig wäre, wäre er Dir nicht so nah.

Die Frage ist also, wie Du mit der Angst umgehst. Ob Du versuchst, sie zu ignorieren oder Dich vor ihr zu verstecken. Oder ob Du sie immer wieder wegschickst und hoffst, dass sie aufgibt.

Du könntest Dich ihr aber auch stellen, ihr direkt in die Augen schauen und fragen: „Was möchtest Du von mir? Warum kommst Du immer wieder her? Was hast Du mir zu sagen?"

Vielleicht denkst Du jetzt, dass das ein wenig komisch klingt: mit der Angst zu sprechen. Du hast eben Angst und fertig.

Ja und nein.

Ich gehe davon aus, dass Du einen Grund hast, dieses Buch zu lesen und dass Du weniger Angst und mehr Freude haben möchtest. Also lieber Genuss an einem Leben mit diesem – Deinem – geliebten Menschen.

Mein Anliegen ist, Dich so zu unterstützen, dass Du in diesen Genuss kommst und Dich volle Kanne hineinwerfen kannst. Aber dafür musst Du zuvor eine Weile mit der Angst Umgang gehabt haben.

Nein, keine Sorge, Du musst Dich nicht den ganzen Tag für die nächsten 12 Monate mit ihr beschäftigen.

Tu es einfach dann, wenn es für Dich passt, wenn es Dir gut geht und wenn Du Dich stark genug fühlst, ihr gegen-überzutreten.

Woher kommt die Angst überhaupt?

 Eine Angst kann unterschiedliche Ursachen und Gründe haben. Manchmal geht sie auf ein oder mehrere Erlebnisse in unserer Kindheit zurück, manchmal ist sie im Laufe des Lebens gekommen. Sie zeigt sich unterschiedlich in ihrer Heftigkeit und auch in dem, wie Du sie wahrnimmst. Manchmal ist sie wie ein leises Ziehen im Herzen, manchmal so laut, dass Du nichts anderes mehr hörst.

Sie ist nie ohne Grund da. Es kann hilfreich sein, diese Ursache zu kennen, allerdings bedeutet es nicht, dass sie dadurch automatisch verschwindet. Meist geht sie fort – oder wird kleiner, – wenn sie „gehört" wird. Und „gehört" wird sie, wenn Du sie nicht mehr wegdrückst, sondern sie fühlst und versuchst, ihr zu „begegnen". In einer kleinen Weile gebe ich Dir ein paar Ideen, wie Du das machen kannst.

Die Hauptaufgabe der Angst ist, Dich zu schützen. Vermutlich hast Du schon einmal Verlust erlebt, den Du als wirklich schrecklich empfunden hast. Du bist dadurch vielleicht traurig geworden. Oder hast am Leben gezweifelt. Oder bist in irgendeiner Art und Weise gestrauchelt. Und, na klar, niemand – auch nicht Dein Herz, Deine Seele und Dein Körper – wollen, dass Dir das wieder passiert. Deswegen kommt die Angst, um Dich zu beschützen.

„Aber dann ist doch alles gut", sagst Du nun vielleicht. Und wieder sage ich: ja und nein.

Leider kann Dich die Angst, wenn sie zu groß wird, zusätzlich daran hindern, Momente oder Gefühle zu erleben, die gar nicht unangenehm, sondern zum Beispiel schön und erfüllend sind. Es läuft dann so, dass Du etwas lieber nicht machst oder einer Situation schon im Voraus ausweichst, nur damit Du nicht wieder verletzt oder nochmal traurig wirst. Und dabei spielt es irgendwann keine große Rolle mehr, ob es am Ende doch schön und erfüllend hätte sein können.

Ich nehme mal ein Beispiel, damit es klarer wird. Hier geht es nicht um den Tod eines Menschen, sondern um eine andere Angst, nämlich die, jemanden erneut zu verlieren:

Du hast Dich in jemanden verliebt und dieser jemand ist Deine große Liebe. Ihr habt Euch gefunden und macht alles zusammen. Frühstück, Mittagsschlaf, Einkaufen und Lagerfeuer. Nach kurzer Zeit kannst Du Dir ein Leben ohne diese Person nicht mehr vorstellen.

Plötzlich findet die Person, dass es jemanden gibt, der noch besser passt. Und verlässt Dich. Du bist todtraurig. Leidest. Hast Schmerzen im Herzen und überall. Und entscheidest, beim nächsten netten Menschen vorsichtiger zu sein. Im besten Fall lässt Du Dir einfach ein bisschen mehr Zeit. Vielleicht ist die Angst vor einer neuen Verletzung aber auch so groß, dass Du beim nächsten Verliebtheitsgefühl sofort alles blockierst und besonders unfreundlich bist, damit sich niemand in Dich verliebt und Du nicht noch einmal solche Schmerzen erleben musst. An dieser Stelle will Dich die Angst schützen. Sie ist aber auch so groß, dass Du eben komplett auf alles, was mit Verliebtsein zu tun hat, verzichtest. Und das war ja eigentlich nicht Dein Anliegen, oder? Du wolltest Dich doch eigentlich wieder verlieben, dann heiraten und vorher oder hinterher einen Kindergarten voller Nachkömmlinge machen.

Und genau hier hast Du die Wahl. Du kannst die Angst bestimmen lassen und Dich nie wieder auf jemanden einlassen. Dann wirst Du aber auch keine Schmetterlinge in Deinem Bauch flattern spüren.

Oder Du konfrontierst Dich mit Deiner Angst. Du lädst sie ein, Dich zu begleiten – ohne ihr die Oberhand zu überlassen. Denn das ist ja klar: Du bist diejenige, die bestimmt.

Was hat es mit der „Angst vor dem Sterben eines anderen" auf sich?

Über die Angst vor Deinem Tod denken wir ein anderes Mal nach. Hier geht es um die Angst, dass jemand anderes, der Dir sehr nahe ist, sterben könnte.

Ganz grundsätzlich: je mehr wert uns ein Mensch (oder auch ein Tier oder eine Sache) ist, desto größer ist die Möglichkeit der Angst vor einem etwaigen Verlust. Das ist natürlich erstmal nichts Schlimmes. Es zeigt, wie viel uns dieser Mensch bedeutet und wie ungern wir auf ihn verzichten möchten.

Und dann gibt es noch den Tod an sich. Wir werden früher oder später damit konfrontiert, dass jemand Nahes stirbt. Und je wichtiger dieser Mensch für uns war, desto trauriger und schwerer ist der Verlust. Das Furchtbare am Tod ist seine Unwiederbringlichkeit. Wir können natürlich noch eine spirituelle Verbindung zu dem oder der Verstorbenen haben. Vielleicht spüren wir sie manchmal auch noch in oder um uns herum. Aber materiell ist der Mensch nicht mehr da. Wir kriegen keine direkten Antworten mehr auf unsere Fragen. Wir können nicht mehr miteinander lachen. Und dieses Unwiederbringliche macht die Angst vor dem Tod des anderen so bedeutend.

Die Angst kann auch noch gesteigert werden, wenn wir auf andere Weise schon mal jemanden verloren haben. Damit meine ich, dass wir schon eine oder mehrere große Verlusterfahrungen, wie zum Beispiel die Trennung der Eltern, erleben mussten. Dann „hängt" sich diese Erfahrung an die Angst vor dem Tod und Du spürst alles womöglich noch ein bisschen heftiger.

In meiner Arbeit im Hospiz spreche ich regelmäßig mit Menschen, die sehr zeitnah jemanden an den Tod verlieren werden. Vielleicht bist Du auch so ein Jemand, weißt um die Diagnose Deines liebsten Menschen und dass Euer Abschied naht. Dann ist die Angst vor seinem Sterben ganz realistisch.

Und nein, ich meine nicht, dass die Angst derer, deren Liebste noch fröhlich und munter auf dem Erdball herumspringt, nicht realistisch ist. Auch diese Angst ist ganz real. Die Frage ist einfach, wie wir mit ihr umgehen.

Was die Angst mit Dir macht

Das Blöde an der Angst ist ihre große Dominanz. Sie sitzt nicht einfach nur auf dem Sofa, liest Zeitung und schaut Dich ab und zu mal an. Nein, sie brüllt oder ruft ganz laut. Sie zwingt Dich ins Bett,  unter die Decke, so dass Du Dich nicht mehr bewegen willst. Sie macht Dich sprachlos. Ihre Präsenz ist überwältigend.

Nach einer Weile kommt dazu, dass Du nicht mehr richtig sortieren kannst. Du packst alle Gefühle – inklusive der Angst – in einen Schrank und schließt ihn ab. Dann ist sie weg. Aber die Freude auch. Und der Genuss. Und die Dankbarkeit für das Leben.

Vermutlich kannst Du Dein Leben richtig gut gestalten, gehst arbeiten, lachst mit anderen, freust Dich am Sonnenschein und der Mittagspause. Wenn die Angst kommt und Dich bestimmt, fallen aber alle oder ein paar dieser Dinge schwer. Und Du kommst ins Grübeln, wirst vorsichtig und sorgenvoll. „Wird es gut?", fragst Du. „Schaffe ich das?"

Du schaffst das. Und Du wirst auch wieder zu Dir und all dem Ungewissen das Zutrauen bekommen. Wenn Du der Angst begegnest.

Ihr Anliegen ist es, Dich zu schützen. Und da sie es nicht anders zu tun weiß, macht sie es, in dem sie Dich mehr oder weniger lahmlegt. Sie zwingt Dich, innezuhalten. Sie reißt Dich aus Deinen gewohnten Bahnen und stellt damit in Frage, ob und wie Du weitergehst.

Das bringt Dich völlig durcheinander und verursacht richtig viel Chaos. Eigentlich wolltest Du stark sein und Dein Leben leben. Und nun musst Du anhalten und Dich fragen, was das alles soll.

Warum die Angst das macht?

Sie will Dich vorbereiten, Dich stärken. Du sollst durch das, was kommen kann – oder kommt – ohne kompletten Schiffbruch gehen können. Du sollst Dich in einem tiefen Tal nicht verlieren, sondern am Ende wieder heile rauskommen. Du sollst nicht sterben, auch wenn ein wichtiger Teil Deines Lebens das tut. Dafür haut Dich die Angst jetzt schon so um.

Was Du mit der Angst machen kannst

Und genau das kannst Du nutzen. Du bleibst noch einen Moment länger stehen, schickst sie nicht weg, sondern begegnest ihr.

Wie Du das machen kannst? Und was dann passiert?

Ich werde Dir auf den nächsten Seiten ein paar Ideen geben, wie Du der Angst begegnen kannst. Wichtig ist, dass Du Dich ihr in Deinem Tempo näherst. Manchmal reicht es, sie einmal ganz deutlich in Deinem Körper zu fühlen und dann wieder kann es gut sein, sich hinzusetzen und 1–2 Tassen Tee mit ihr zu trinken. Es kann sein, dass Du recht schnell eine (neue) Ruhe spürst. Es kann aber auch passieren, dass die Angst zunächst größer wird. Du brauchst Dich deswegen nicht zu sorgen. Es zeigt nämlich vor allem, dass Du richtig bist und dass die Angst Dir etwas zu sagen hat. Dann ist es als erstes gut, zuzuhören – vermutlich wird das ein bestimmtes Gefühl sein, vielleicht eine Erinnerung, vielleicht spürst Du auch ganz deutlich eine Art „Botschaft". Damit meine ich nicht, dass Du auf einmal Stimmen hörst, sondern dass Du deutlich merkst, was Du jetzt tun oder nicht mehr tun möchtest. Ruhig werden. Mit jemandem sprechen. Zuversichtlich sein. Kommen lassen. Gehen lassen.

Ich unterteile die unterschiedlichen Treffen mit der Angst in „wenig Zeit" und „mehr Zeit". Manchmal brauchst Du nur eine kleine Aktion und wirst wieder ruhig. Und dann passiert es, dass Du Dich mal in Ruhe hinsetzen und mit der Angst Tacheles reden musst. Letzteres gehört zur Kategorie „Mehr Zeit".

Ideen zur Begegnung mit der Angst

Wenig Zeit

Atmen

Bewusst zu atmen, ist eine Technik, bei der man nicht mehr braucht als seinen Körper. Hier ist nicht der Platz, um die genauen Mechanismen des Atmens zu erklären. Wichtig ist jedoch die Information, dass Du Dich durch die Steuerung Deines Atmens selbst beruhigen kannst. Dies kann eine Hilfe sein, wenn Du plötzlich von Deinen Gefühlen überrannt wirst und nicht mehr weißt, wo ein noch aus ist. Oder wenn Du merkst, dass die Grübeleien starten und Du aus den Gedankenkreisen nicht herauskommst.

Es läuft so ab, dass Du Deinem Gehirn durch eine bestimmte Atemtechnik die Info sendest, dass keine Gefahr besteht. Das „denkt" Dein Gehirn nämlich, wenn es von der Anwesenheit der Angst erfährt und sofort alles in Alarmbereitschaft setzt. Zwar ist die Angst da, aber sie ist nicht lebensbedrohend. Und das vermittelst Du dem Gehirn über eine „Atemsprache". Daraufhin kann Dein Gehirn wieder runterfahren und dem Körper Bescheid geben, es ebenso zu tun. Nach und nach kannst Du wieder relaxen. Ich stelle Dir nun drei Techniken vor und Du kannst einfach mal probieren, was bei Dir am besten funktioniert.

4-7-8

Setz oder leg Dich so hin, dass es bequem für Dich ist.

Atme durch den Mund aus, bis Du das Gefühl hast, dass Deine Lungen total leer sind.

Jetzt atmest Du 4 Sekunden lang durch die Nase bis tief in den Bauch ein.

Danach hältst Du den Atem 7 Sekunden lang an und versuchst, dies so entspannt wie möglich zu tun. Es soll Dir keinen zusätzlichen Druck machen.

Atme 8 Sekunden lang vom Bauch her aus, am besten mit ein paar seufzenden Geräuschen durch den Mund.

Diese Reihe wiederholst Du ein mindestens 5 Mal.

Stoßatmen

Setz oder leg Dich so hin, dass es bequem für Dich ist.

Atme tief durch die Nase ein und fülle Deine Lunge mit so viel Luft wie möglich.

Stoß anschließend mit einem Mal die ganze Luft wieder heraus, bis Deine Lunge sich total leer anfühlt.

Wiederhole dieses Atmen mindestens 5 Mal.

Bauchatmung

Leg Dich auf den Rücken oder setz Dich mit geradem Rücken hin. Dann leg die Hände auf Deinen Bauch und lass die Fingerspitzen sich leicht berühren.

Du beobachtest nun Deine Atmung und gibst ihr die Möglichkeit, nach und nach gleichmäßig zu werden.

Atme die Luft in Deinen Bauch und danach in die Lunge.

Während Du durch die Nase in den Bauch atmest, siehst Du, wie sich Dein Bauch ein bisschen wölbt und sich Deine Finger leicht auseinander bewegen.

Lass zuerst den Bauch und dann die Lunge locker. Dein Bauch zieht sich nach innen und Du spürst eine Entspannung.

Atme erst wieder ein, wenn Dein Körper Dir das Signal dazu gibt.

Mehr Zeit

Schreiben – Journaling

Du brauchst:
- Etwas zu schreiben (Stift und Papier)
- ggf. einen Kurzzeitwecker
- 30 min Ungestörtsein

Diese Übung eignet sich gut, wenn Du bereit bist, Dir Deine ängstlichen Gefühle und Gedanken wirklich anzuschauen.

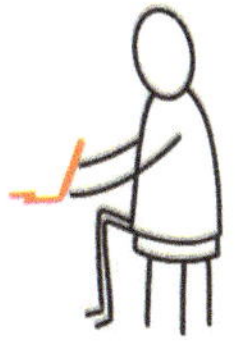

Nimm Dir eine halbe Stunde Zeit, setz Dich an einen ruhigen Ort und sorge dafür, dass Du nicht gestört wirst. Nimm Dir etwas zu schreiben und einen Stift, mit dem Du gut und fließend schreiben kannst. Stell Dir am besten eine Uhr, wenn Du Sorge hast, Du könntest zu schnell wieder abbrechen. Schreib oben auf das Blatt einen Satz wie: „Die Angst und ich" oder „Was die Angst mit mir macht". Und dann leg los. Schreib einfach auf, was Dir zu der Überschrift in den Kopf kommt. Wenn Du merkst, dass Deine Gedanken zunächst woanders hinwollen, dann schreib diese auf. Wenn Du nach einer Weile merkst, dass Du nun frei für die Überschrift bist, dann schreib dazu. Ziel dieser Aufgabe ist, das aufzuschreiben, was Dir in den Kopf kommt und was schon die ganze Zeit in Deinem Unterbewusstsein rumspukt. Es muss keinen Sinn ergeben, es geht vor allem darum, die Angst vor der Angst kleiner zu machen. Schreib ruhig eine halbe Stunde, Du kannst die Zeit aber auch Deinen Möglichkeiten anpassen. Wichtig ist, dass Du Dir genug Raum gibst und nicht beim ersten unbequemen Gedanken abhaust. Wenn Du merkst, dass es Dir hilft, dann kannst Du Dir natürlich alle möglichen anderen Überschriften ausdenken, die mit Deiner Angst zu tun haben.

Vielleicht wirst Du auch beim Schreiben merken, welche neuen Themen sich zeigen und wozu Du mal Deinen Gedanken freien Lauf lassen willst.

Eine kleine Sache noch. Du darfst, gerade wenn die Gedanken und Sorgen sich überschlagen, an Folgendes denken:

Du bist nicht Deine Gedanken. Sie sind ein Teil von Dir, aber sie kommen und gehen und Du kannst sie beeinflussen.

Dein inneres Kind befragen

Du brauchst:
- Deinen Lieblingssessel
- Eine Decke
- Etwas zu schreiben (Stift und Papier)
- Taschentücher
- 60 min Ungestörtsein
- Ein Foto von Dir als Kind

Für diese Übung solltest Du Dich definitiv bereit fühlen und möglichst auch schon mal etwas von der Arbeit mit dem sogenannten „inneren Kind" gehört haben. Es geht darum, dass Du durch Deine Vorstellung Kontakt mit der früheren kindlichen Version von Dir aufnimmst. Also Du als Kind mit all dem, was Du früher gedacht und gesagt hast.

Wenn wir uns Zeit nehmen, uns in die Version von uns – damals – hineinzuversetzen, kommen wir meist auf erstaunliche Dinge und verstehen uns selbst (und die anderen) oft viel besser. Das passiert, weil wir den Wurzeln unserer Gefühle (allen, nicht nur der Angst) begegnen und uns so manch Aufbrausen oder Tränensturzbach erklären können.

Dein inneres Kind kannst Du sehr gut mit einer Anleitung zu einer Meditation treffen. Unter dem QR-Code am Ende dieses Kapitels kannst Du eine von mir gesprochene Anleitung anhören.

Du kannst es aber auch allein tun, in dem Du Dich in eine ruhige Ecke zurückziehst, in der Du für die nächste Stunde ungestört bist.

Mach es Dir so bequem wie möglich und denk an Dich als Kind. Du kannst Dir auch ein altes Foto als Hilfe nehmen. Lass Erinnerungen und Gedanken kommen und stell Dir vor, Du als Erwachsene triffst jetzt dieses Kind. Ihr beide setzt Euch auf eine Wiese und genießt den Sonnenschein, die Löwenzahnblumen und den seichten Wind, der Euch durch die Haare fährt.

Wenn Du Dir Dein jüngeres Ich richtig vorstellen kannst, beginne damit, von Dir und Deiner Angst zu erzählen. Du kannst das laut machen, falls es Dir unangenehm ist, mach es im Kopf. Oder schreib es auf. Und erzähle ihm, wie es Dir geht, was Dir so Sorge macht, was Dich umtreibt.

Und dann schau mal, wie Dein inneres Kind reagiert. Kennt es diese Angst vielleicht auch? Wann hatte es mit ihr zu tun? Was tat es dann, was half damals? Komm mit ihm ins Gespräch und stelle Deine Fragen. Du kannst es auch um einen Rat bitten. Oder Ihr beide beschließt, Euch gegenseitig zu trösten und Euch wiederzutreffen.

Mit der Angst Tee trinken

Du brauchst:
- Zwei Tassen Tee
- Ein Kuscheltier, Kissen oder eine
  Spielfigur
- 30 min Ungestörtsein

Diese Übung ist ein bisschen wie das Journaling, nur dass Du der Angst dieses Mal eine äußere Form gibst. Sie kann eines der oben genannten Gegenstände sein oder etwas anderes. Schau Dich mal in Deiner Wohnung um, was der Angst am ähnlichsten ist – und was Du bestenfalls nicht als Einschlaf-Helfer benutzt. Dann setz Dich an einen Tisch, Du auf einen Stuhl und die Angst auf den Platz gegenüber. Gieß Dir und der Angst eine Tasse Tee ein.

Jetzt ist wieder ein bisschen innere Freiheit gefragt: mach Dir klar, dass Deine Angst nun in dieses Kuscheltier (o. ä.) von Dir übergeht und das Kuscheltier nun Deine Angst symbolisiert. Du hast jetzt die exklusive Möglichkeit, mit Deiner eigenen Angst zu sprechen. Du kannst sie fragen, warum sie eigentlich da ist. Du kannst sie auch nach einem ersten höflichen Geplänkel erstmal ausschimpfen, dafür dass sie Dir regelmäßig so einen Schrecken einjagt. Du kannst sie mal fragen, ob sie das mit allen macht und wer bitteschön davon einen Nutzen haben soll. Sag ihr alles, was bei einer ordentlichen Tasse Tee mal gesagt werden muss. Und dann hör zu. Stell Dir vor, die Angst könnte zu Dir sprechen und Dir ein paar Antworten geben. Vielleicht hat sie selbst auch Angst und will Dich nur schützen?

Ich bin mir sicher, dass Ihr eine interessante Zeit miteinander habt. Vielleicht vereinbart Ihr ja auch zum Schluss etwas. Ein Zeichen, wenn sich die Angst alarmiert sieht. Und ein weiteres, wenn Du Dich gerade nicht um sie kümmern kannst.

Und ganz vielleicht verabredet Ihr Euch zu einer nächsten Tasse Tee. Es könnte ja sein, dass die Angst nicht Deine Feindin, sondern Deine Freundin ist.

Oder?

Du und der, der stirbt

Was hat es nun mit der Person auf sich, um deren Sterben Du fürchtest? Etwas an diesem Menschen macht, dass die Angst in Dir losgetreten wird. Und dass Du Sorge hast, er könnte irgendwann sterben und Du könntest das nicht überleben. Oder nur schwer. Die Angst kann ganz reale Gründe haben, wie zum Beispiel eine lebensbegrenzende Diagnose, sie kann aber auch einfach Ausdruck Deiner und Eurer Verbundenheit sein.

Was auch immer es ist – ich lade Dich ein, dass Du als erstes diese Angst annimmst. Und Dich dann einmal frei und ohne „ich-müsste-doch" hineindenkst und -fühlst. Was ist dieser Mensch für Dich? Was sind seine Eigenschaften, die Dich bereichern und Dir das Leben füllen? Für was liebst oder schätzt Du den anderen so sehr? In welchen Momenten kannst Du Dir nicht vorstellen, ohne ihn zu sein? Was hat derjenige schon für Dich getan, wo hat er Dir beigestanden? Welche Situation hättest Du sonst vielleicht nicht überlebt? Fühlst Du Dich an einer Stelle von der Person abhängig, auch in einer positiven Art und Weise?

Vermutlich kommen nun viele Gefühle und Erinnerungen in Dir hoch, vielleicht mehr als Du zu fassen in der Lage bist. Auch das ist okej. Du hast gleichzeitig das Glück und das Geschenk, einen solchen Menschen in Deinem Leben zu wissen. Und wie wir im vorherigen Kapitel schon festgestellt haben: wäre dieser Mensch nicht so bedeutsam und wichtig in Deinem Leben, hättest Du auch keine Angst ihn zu verlieren. Es sagt sich vermutlich leichter, aber wenn Du die Möglichkeit hast, dann nimm all diese Menge an Gefühlen und Gedanken an. Sie sind jetzt da und sie dürfen sein.

Wenn Du merkst, dass erstmal gar nichts kommt und sich nur eine große Leere zeigt, dann mach Dir keine Sorgen. Manchmal packen wir aus Schutz vor zu viel Gefühl alles ganz ordentlich weg. So gut, dass es eine Weile braucht, um sich an die vergangenen Stunden und die unterschiedlichen Emotionen zu erinnern. Dein Herz muss erst eine Pause einlegen, dann wird es sich öffnen.

Warum ist der andere so wichtig?

Ein Warum hilft nicht immer weiter, aber manchmal kann es eben doch einen nächsten Schritt oder das Loslassen von Grübeleien bewirken. Vielleicht weißt Du in Dir drinnen schon genau, warum dieser Mensch für Dich so wichtig ist. Vielleicht ist diese Erkenntnis auch neu für Dich,  weil Du Dich bisher auf die Angst vor dem Verlust (dem Sterben) konzentriert hast. Hör mal in Dich hinein, findest Du ein Warum?

Ganz wichtig: lass Dich nicht von inneren oder äußeren Stimmen maßregeln. Du hast einen Grund und der gilt, weil er Deiner ist. Und wenn er sich kindisch oder verrückt anhört, dann darf er dennoch für DICH riesengroß und wichtig sein.

Wenn Du in Dir ablaufen lässt, in welchen Bereichen und für welche Themen der andere wichtig ist, schau doch mal, ob es etwas Neues gibt. Vielleicht war Dir gar nicht bewusst, dass er AUCH HIER eine wesentliche Rolle spielt. Vielleicht dachtest Du, dass Du die Sachen eigentlich gut allein geregelt bekommst und merkst nun, dass es vor allem durch die Anwesenheit des anderen geht.

Möglicherweise stellst Du aber auch fest, dass Du an einigen Stellen gut allein klarkommst und dass die Bedeutung des anderen doch nicht so groß ist, wie Du dachtest.

Was denkst Du, wenn Du das liest? Bist Du im Laufe der Jahre vielleicht an bestimmten Stellen weitergegangen und hast Dir etwas beigebracht, was Du von dem anderen nun gar nicht mehr brauchst?

All diese unterschiedlichen Einsichten sind wichtig, um die Angst vor dem Verlust ein bisschen deutlicher zu machen. Worum geht es denn beim Verlieren – was macht die ganze Geschichte so groß?

Was kann nur der andere?

Es gibt Dinge, die nur das Gegenüber kann. Der andere bekommt so eine besondere Bedeutung. Kochen, Aufräumen, Starksein, nicht aufregen.

Es kann aber auch sein, dass das Gegenüber bewirkt, dass Du zu einer besseren Version von Dir selbst wirst. Einfach, weil Dir jemand Rückmeldung gibt und Dich regelmäßig „einnordet". Jemand, von dem Du Dir auch was sagen lässt. Der es gut mit Dir meint und schaut, dass dieses Gute in Dir wächst und Du es mit anderen teilst.

Eine weitere Möglichkeit ist ganz schlicht: die Liebe. Du wirst geliebt, bis in die Fingerspitzen, fühlst Dich komplett angenommen, musst Dich nicht beweisen oder um Anerkennung kämpfen. Du kannst einfach DU sein. Wohl weißt Du um die Selbstliebe und dass Du Dir das alles auch selbst geben könntest. Aber von jemandem bedingungslos geliebt zu werden und diese Liebe jeden Tag spüren zu können, das ist etwas absolut Besonderes.

Dann gibt es noch die ganz praktischen Probleme, beispielsweise die Steuerklärung. Dir wird mal wieder klar, dass Du von Zahlen absolut keine Ahnung hast. Oder Du hast noch nie einen Reifenwechsel machen lassen. Feinwäsche waschen? – Du bist nie in die Nähe einer Waschmaschine gekommen. Die Versicherung für das Auto kündigen? – Wer versichert überhaupt Autos?

Vielleicht ist Dir diese Aufzählung zu trivial. Ich versichere Dir, dass ich genau solche Gespräche im Hospiz geführt habe. Aber ja, es gibt natürlich auch noch viele andere Dinge, die schwer wiegen. Und das ist es ja eigentlich: die Größe des Gefühls und die Dimension der Unvorstellbarkeit. Theoretisch kann ich natürlich eine Reifenwerkstatt finden. Aber wird mir das gelingen, wenn ich einen so großen Verlust in meinem Leben ertragen muss? Werde ich nicht einfach nur die ganze Zeit wie gelähmt auf dem Sofa liegen, weinen und dem Leben beim Anhalten zuschauen?

Was macht den anderen so besonders?

Das eine ist die Steuererklärung, das andere die Person, die genau weiß, dass Du nicht mit Zahlen kannst. Dass Du immer viele gute Gründe (Ausreden) gefunden hast, Dich nicht an die Steuer heranzuwagen, sondern sie dem anderen überlassen durftest.

Das eine ist das Waschmaschinenprogramm, das andere die Person, die Deine Sachen liebevoll zusammenlegt und dafür sorgt, dass Du in weichen und sauberen Klamotten durch den Tag gehst. Und das Wissen, dass die sorgsam zusammengelegten Hosen im Schrank mehr als bloße Hausarbeit waren.

Der andere ist für Dich so besonders, weil er Dir begegnet, wie Du es brauchst und liebst. Ihr habt eine Beziehung miteinander, die über eine Zeit gewachsen ist, Ihr wisst umeinander und kennt Euch. Es braucht keine Worte.

Und dort kommt die Angst her: dieser Mensch ist in seiner Art so einzigartig und passend für Dich, dass Du Dir nicht vorstellen kannst, jemanden wie ihn nochmal zu treffen oder als feste Instanz in Deinem Leben zu wissen.

Die schlechte Nachricht: Du wirst nie wieder jemanden treffen, der GENAUSO ist wie dieser Mensch.

Die gute Nachricht: Du wirst andere Menschen treffen, die Dich auf ihre Art berühren und einzigartig für Dich sind.

Letzteres hilft Dir gerade nicht besonders, ich weiß. Dennoch kann es manchmal beruhigend wirken, um etwas Gutes in der Zukunft zu wissen, auch wenn man es noch nicht fühlt. Und manchmal hilft es umso mehr, wenn es jemand sagt, der mit Deinem Leben nichts zu tun hat.

Ideen zur Begegnung mit dem anderen & Ausnutzen der gemeinsamen Zeit

Wenn Du das hier jetzt liest und der Mensch, vor dessen Verlust Du Dich so fürchtest, sterbend im Hospiz liegt, mögen Dich die kommenden Zeilen anders treffen. Dann lade ich Dich ein, Dir nur das zu nehmen, was Dir hilft. Vielleicht kannst Du einiges in Deiner  Vorstellung erleben und eine kleine Zeitreise antreten. Oder, wenn möglich, mit diesem Menschen darüber sprechen.

Für die anderen gilt heute und jetzt: der Mensch, den Du so liebst, ist noch nicht tot. Damit ist nicht gemeint: beeil Dich, bevor es zu spät ist. Nein, ich meine, dass wir alle irgendwann sterben werden. Aber noch ist es nicht so weit, jetzt gerade gibt es Dich und die andere Person.

UND Du hast die Möglichkeit, die verbleibende Zeit zu nutzen und bewusst zu gestalten.

Dankbarkeit

 Eine gute Grundlage für all dieses bewusste Gestalten ist Dankbarkeit. Welch Geschenk hast Du vom Leben erhalten, dass so eine Person in Deinem Leben sein darf! Und wieviel Gutes konntest Du mit ihr erleben! Beim Vergleichen darf man immer ein bisschen vorsichtig sein, aber ich kann Dir versichern, dass es Menschen gibt, die keine einzige glückliche und erfüllende Beziehung in ihrem Leben haben. Und die einiges darum geben würden, wenn auch nur ein Mensch sie bedingungslos und aufrichtig liebte.

Du könntest zum Beispiel eine Liste mit all den Dingen und Momenten machen, die durch die Person möglich sind und Dich dankbar machen. Und wenn die Liste fertig ist, dann erzähl ihr doch mal davon. Setzt Euch hin und berichtet einander, wie und warum Ihr Euch als so wertvoll empfindet.

Richtig, es kann passieren, dass die Tränen kommen und Ihr vielleicht traurig werdet. Das gehört dazu und zeigt nochmal mehr, wie wertvoll Ihr einander seid. Das Schöne ist aber auch: Ihr könnt Euch gegenseitig trösten. Ihr seid nicht allein.

Und Ihr könnt Euch feiern – Eure Verbindung, Beziehung, Freundschaft. Das, was Euch beide zusammen einzigartig macht.

Plan B und C und D

Kennst Du die aufkommende Ruhe, wenn Du weißt, dass es noch einen Plan B gibt? Und vielleicht sogar einen Plan C? Das heißt nicht, dass man ihn anwendet, aber man hätte die Möglichkeit, es gäbe eine Alternative.

Zum Sterben gibt es keine Alternative und (noch) ist die Forschung nicht so weit, dass sie lebende Menschen 1:1 ersetzen kann. Beim Verlust der geliebten Person gibt es keinen Ausweg.

Aber für die praktischen Sachen, die Dir jetzt schon Sorge bereiten, zum Beispiel die Steuererklärung oder das Feinwäscheprogramm. Mach Dir eine Liste mit all den Dingen, von denen Du meinst, dass Du sie nicht allein bewältigen kannst und bei denen Dir die andere Person immer geholfen hat.

Mit dieser Liste kannst Du dann zu ihr gehen und gemeinsam überlegt Ihr, wen Du stattdessen fragen könntest. Oder wo es sich lohnen würde, einen Kurs zu machen. Du kannst auch einfach anfangen, Sachen zu lernen und zu üben und die andere gibt Dir Tipps. Wenn Ihr jetzt damit anfangt, dann legt sich auch kein Schleier der Traurigkeit oder ein Wind der Hetze darüber. Es ist wie ein neues Projekt, dass Ihr miteinander angeht, und Du bist die Lernende.

Was ich noch mit Dir unternehmen möchte

Wenn uns ein menschlicher Verlust trifft, sind wir oft schnell bei dem Gedanken, was wir alles noch mit der Person hätten unternehmen, sie fragen oder mit ihr besprechen wollen. Dann ist es leider zu spät, wir bedauern das und sind unglücklich ob der verpassten Chancen. Schreib gleich jetzt eine Liste mit den Dingen auf, die Du noch mit der Person erleben möchtest.

Überleg, welche Themen Du noch besprechen willst und auf welche Fragen Du eine Antwort haben möchtest. Je schneller Du damit beginnst, desto weniger Eile gibt es.

Vielleicht muss diejenige erst eine Weile nachdenken, bevor sie Dir Antworten gibt. Vielleicht müsst Ihr noch ein bisschen Geld sparen, bevor Ihr gemeinsam zum Wandern in die Alpen fahrt. Was auch immer es ist – eine sogenannte „Bucketlist" für das, was noch offen ist, kann die Angst mildern.

Möglicherweise erkennst Du beim Lesen, dass die Zeit, die noch bleibt, zu kurz ist. Die Krankheit oder die Situation machen diese Ziele nicht mehr möglich. Du könntest Dir Alternativen überlegen: einen Bildband von dem Land kaufen, in das Ihr eigentlich reisen wolltet. Ein Essen vorbereiten, das zu der Kultur gehört, die Ihr beide kennenlernen wolltet. Eine Geschichte schreiben, in der Du Euch beiden ausmalst, wie es geworden wäre, wenn Ihr beide …

Und dann machst Du ein paar Fotos und klebst sie in Euer Album.

Vielleicht wirst Du diese Reise auch später allein unternehmen und dann ein paar Eindrücke festhalten.

Erinnerungsalbum

Weißt Du noch ...? Wann hast Du das letzte Mal in ein Fotoalbum geschaut? Hast Du eines zu Hause? Gibt es eins von Euch? Oder ist die Person am häufigsten in Deinen Alben zu sehen?

Kauf Dir ein leeres Album und fertige eins für Deine und Eure gemeinsamen Erinnerungen an. Da können Fotos drin sein, aber auch Eintrittskarten, Briefe, Zettel, Listen, Abschriften von SMS, kurze Texte zu Begegnungen oder Erlebnissen miteinander. Dieses Album ist zunächst und allererst für Dich. Du musst es niemandem zeigen, niemand (auch nicht der, um den es geht) muss es „gut heißen".

Das einzige Ziel sollte sein, dass es Dich, Deine Gefühle, Erinnerungen und Gedanken so gut wie möglich trifft. „Trifft"? Damit meine ich, dass Du eine beliebige Seite aufschlägst und Dich sofort emotional angesprochen fühlst.

Dieses Album kann Dir jetzt schon die Fülle zeigen, die Ihr miteinander habt. Und später, sollte sie eher als Du sterben, kannst Du Dich tief in den Seiten vergraben und die Erinnerungen zum Nachempfinden wieder aufwecken.

Du und das, was bleibt oder: worauf Du Dich verlassen kannst

 Es gibt keine Alternative zum Sterben, das weißt Du. Irgendwann müssen wir auf dieser Welt Abschied voneinander nehmen. Dass die eigene Welt dann aus den Fugen geraten kann, erlebe ich täglich in meiner Arbeit. Und dass dies eine Weile einfach auch so sein darf, ist oft die erste hilfreiche Rückmeldung für jemanden, der trauert. Du darfst traurig sein, Du darfst Dich verloren und hoffnungslos fühlen. Du darfst denken, dass auch Dein Leben jetzt beendet ist. In gewisser Weise ist es für einen Teil ja auch zu Ende – der Teil, den Du mit der verstorbenen Person erlebt hast.

UND dennoch geht das Leben weiter, geschehen Dinge und Zeichen ohne anzuhalten, steht die Welt im Außen nicht still obwohl unsere innere Welt eine Pause eingelegt hat.

Sich auf das zu besinnen, was sich weiterbewegt und sich somit nicht nur von den heftigen Ereignissen unseres Lebens beeinflussen zu lassen, kann helfen.

Wozu? Um nach einer Weile wieder zurückzukommen, ins Leben. Und für das bloße Wissen, dass es ein Morgen gibt, auch wenn die Nacht so dunkel ist wie nie zuvor. Um Hoffnung zu haben, auch wenn Dir nicht danach ist.

Jetzt fragst Du womöglich: und warum muss ich das jetzt schon wissen, wo doch der Mensch in meinem Leben noch da ist?

Manche Dinge kann man besser verinnerlichen – oder lernen – bevor man sie wirklich anwenden muss, solange es noch nicht akut ist. Einmal gelernt, kann man sie fast automatisch in der Krise anwenden. Wenn Du also die folgenden Übungen und Gedankengänge immer mal wieder in Dir abspielen lässt, dann werden sie sich in Deinem Herzen einen Platz suchen und in schweren Zeiten sichtbar machen.

Grundsätzlich geht es darum, dass Du auf den Fluss des Lebens vertraust. Dass Du Dir bewusstwirst, dass Dinge und Menschen kommen und gehen. Und dass du nichts festhalten kannst. Aber auch, dass Dir nicht nur schlechte und schwere Ereignisse widerfahren, sondern auch gute und helle. Nur eben nicht immer zusammen und in einer Abwechslung, die nur das Leben selbst versteht.

Worauf Du Dich verlassen kannst

Ich möchte kurz mit Dir einen Ausflug in die Zeit der Trauer machen, damit Du erfährst, warum mir das Thema der Verlässlichkeit so wichtig ist.

In Zeiten der Trauer, also wenn ein von uns geliebter Mensch gestorben ist und wir ihn ganz heftig vermissen, da wackelt alles. Das Leben ist aus den Fugen geraten und man findet sich nicht mehr zurecht. Wenn sich alles instabil anfühlt, braucht es etwas das bleibt. Und wenn Du merkst, dass Du Dich eben nicht mehr an einer anderen Person festhalten kannst, suchst Du nach etwas anderem, das Dir Halt gibt.

Ganz kurz: Es geht nicht darum, zu diskutieren, wie sehr ein Mensch von einem anderen abhängig sein sollte. Oder zu bewerten, ob das gut oder schlecht ist. Jeder hat für sich Menschen, Orte und anderes, wie zum Beispiel Rituale, die verlässlich sind und die Halt geben. Und jeder darf für sich selbst entscheiden, was das ist.

Beim Verlust Deines geliebten Menschen geht es darum, dass Du ihn als Halt verlierst. Und mit dem Verlust dieses Menschen verschwindet oft noch viel mehr aus Deinem Leben, was Dir wichtig und Anker war.

Ein Beispiel kann die jährliche Sommerreise nach Italien sein. Diese wird vermutlich erstmal wegfallen, wenn Du ohne Deinen Partner bist. Weil Du Dir nicht vorstellen kannst, all den gemeinsamen Orten aus der Erinnerung in Deiner Trauer zu begegnen. Weil Du kein italienisch kannst und Dein Partner das immer gesprochen hat oder weil Du keine langen Autofahrten allein magst. Somit kannst Du etwas, das für Dich verlässlich und angenehm war, nicht mehr machen.

Ja, wenn Du unbedingt wolltest, könntest Du, aber Du fühlst Dich gerade nicht in der Lage dazu.

Und das Ergebnis ist, dass Du noch mehr Verlässliches verloren hast.

Ein anderes Beispiel könnten die gemeinsamen Sonntagnachmittage sein, an denen Ihr immer spazieren gegangen seid. Oder die Mittwochabende in der Sauna, die gemeinsamen Konzerte, das morgendliche Kuscheln im Bett, die regelmäßigen Telefonate usw.

Du merkst, dass Dein Leben an vielen Stellen nicht mehr auf die bekannte Weise funktioniert und Du Dich neu einstellen musst. Das braucht Zeit und Kraft. Punkt.

Um durch diese Zeit des Umbruchs zu kommen, brauchst Du ein paar Verlässlichkeiten, die Dir Halt geben, in dem sie einfach da sind und nicht verschwinden.

In der Trauer kann es passieren, dass man sich fragt, was denn eigentlich noch Bestand hat. Und dass die Angst, noch mehr zu verlieren (sich selbst, den Sinn, andere Menschen), zunimmt. Eine Möglichkeit, das zu vermeiden und nicht aufzugeben kann sein, sich auf Verlässlichkeiten unabhängig von Menschen oder anderen Unwägbarkeiten zu konzentrieren.

Und das kann sogar jetzt schon helfen, da Du „nur" mit Deiner Angst kämpfst und Dich fragst, wie Du es je überleben solltest, wenn es wirklich so weit ist. Dadurch, dass Du Dir jetzt schon ein paar weitere „Halts" einbaust und diese für Dich bewusst anwendest, kannst Du Dich quasi auf den Ernstfall vorbereiten.

Nun kenne ich Dich nicht und weiß auch gar nicht, was es in Deinem Leben gibt, wie Du lebst und liebst. Die folgenden Konstanten können also für Dich vollkommen sinnvoll sein, vielleicht aber auch überhaupt nicht. Wenn sie nicht für Dich stimmen, lade ich Dich ein, anhand meiner Beispiele nach etwas zu suchen, das zu Dir passt und in dem Du Dich wiederfindest.

Wichtig zu erwähnen: die Angst wird nicht komplett weggehen. Aber Du bereitest Dich vor und verschaffst Dir die Möglichkeit zum Handeln.

Das Gefühl, wieder handlungsfähig zu sein, ist in einer großen Krise einer der wichtigsten Schritte hin zur Genesung.

Fangen wir also an mit dem, was bleibt – unabhängig von Dir, Deiner Angst und dem Menschen, den Du so liebst.

Die Jahreszeiten

Frühling, Sommer, Herbst und Winter. Und ja, die klimatischen Veränderungen machen neuerdings auch Sonnenbaden im frühen Frühling möglich. Aber Schneeglöckchen wirst Du nie im Herbst finden. Das erste Mal den Sommer in der Luft riechen, geht  nicht im Winter. Holundersirup wird im Frühsommer gekocht, das Rasenmähen hört im Herbst auf, Eisbaden im See geht nur im kalten Winter … darauf kannst Du Dich verlassen. Die Jahreszeiten (und wenn Du in einem anderen Breitengrad lebst, gibt es auch dort wiederkehrende Ereignisse in der Natur) kommen immer wieder und haben ihre eigenen Erlebnisse. Du kannst sie bestaunen, Du kannst sie willkommen heißen und Du kannst Dir in ihnen Deine Momente schaffen. Und diese Momente wird es auch geben, wenn ein liebster Mensch gestorben ist. Du musst sie dann ohne ihn erleben, aber Du kannst sie weiterhin erleben, sie sterben nicht.

Schau Dir doch mal jede einzelne Jahreszeit für die Region, in der Du lebst, an und schreib auf, was Du an ihr so schätzt. Vielleicht auch 1–2 Dinge, die im Übergang so bedeutsam und mit den Sinnen wahrnehmbar sind. Was ist es, das Dich berührt, begeistert und Dich wohlfühlen lässt?

Du kannst Dich darauf freuen, jedes Jahr neu. Und ja, einiges wird sich mit den Jahren anpassen und auch verändern. Aber auch das kannst Du festhalten – und sicher sein, dass Veränderung immer dabei sein wird. Noch etwas, auf das sich verlassen lässt.

Eine Anmerkung: der Übergang vom Herbst zum Winter ist oftmals wie ein Sterben. Alles legt sich zur Ruhe und wird still. Irgendwann rieselt der weiße Schnee sanft und bedächtig auf die ruhende Erde. Hier kannst Du erleben, wie Sterben in der Natur funktioniert und alles sich darauf einstellt.

Kannst Du etwas für Dich und Deine Zeit des Verlustes übernehmen?

Die Gezeiten – Ebbe und Flut

Warst Du schon mal an einem Wasser, wo es die Gezeiten gibt? An der Nordsee oder am Atlantischen Ozean zum Beispiel? Das Wasser kommt. Und geht.

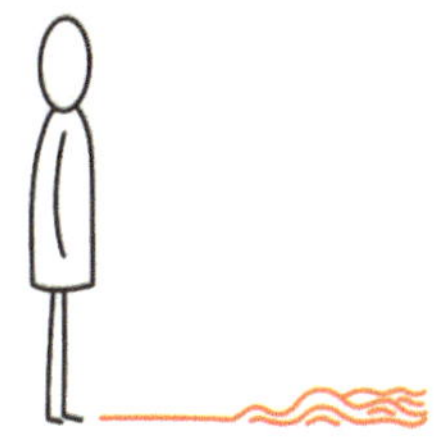

Eine Zeitlang sieht es so aus, als wenn dort schon immer Strand gewesen wäre. Du kannst kilometerlang laufen, ohne dass Dir das Wasser zu nahekommt. Und dann, innerhalb von kurzer Zeit, kommt die Flut. Nicht nur eine Pfütze oder ein Babybadebecken. Nee, richtig und sogar gefährlich!

Wenn Du bei Ebbe nicht da warst und erst zur Flut kommst, stehst Du am Ufer und kannst Dir nicht vorstellen, dass es je anders gewesen sein soll. Da ist Wasser und nur Wasser.

Zu Dir zurück: Du wirst traurig sein und genau jetzt ist es für Dich unvorstellbar, dass Du je ohne die andere Person klarkommen könntest. Es ist nicht vorstellbar, nicht mal ein klitzekleines bisschen.

Aber ich kann Dir versichern: Du wirst es überleben. Das ist weder mit dem Herzen noch mit dem Kopf zu fassen und das ist vollkommen in Ordnung. Aber ich, die ein anderes Herz und schon mit vielen Menschen gesprochen hat, weiß, dass man – dass Du – diesen großen Verlust überwinden können wirst.

Darauf kannst Du Dich verlassen.

Die Gefühlsamplitude

Kein Gefühl dauert ewig, jedes Gefühl verläuft wie eine Amplitude: es steigert sich, wird ganz stark und flacht wieder ab. Du kannst Dir das mal beim Lachen anschauen: etwas ist so lustig, dass Du lachen musst. Dir wird bewusst, WIE lustig es ist und so lachst Du immer mehr, vielleicht steigerst Du Dich hinein, weil es in Deiner Vorstellung immer noch lustiger wird. Du hältst Dir den Bauch vor Lachen. Und dann irgendwann ebbt es ab. Es ist noch lustig, aber das Gefühl ist weniger. Vielleicht wird es nochmal mehr, weil jemand anderes sich die ganze Geschichte laut ausmalt und mit seinem Lachen ansteckt, aber irgendwann hört es auf.

Das Gleiche passiert beim Weinen. Etwas berührt Dich und macht Dich traurig. Die Tränen kommen, vielleicht war Dein Tag sowieso doof und Du weinst noch mehr. Du weinst so richtig ausdauernd und bist total angespannt ob des Weinens. Und dann tröstet Dich jemand. Oder Du merkst einfach: jetzt lässt es nach und Du wirst ruhiger. Langsamer. Leichter. Und das Weinen hört auf. Die Tränen versiegen. Vielleicht bist Du weiterhin traurig, aber der krasse Druck ist erstmal weg. Du spürst ein Gefühl von Entspannung.

Erinnerst Du Dich noch an andere Gefühlsamplituden? So ist es mit der Angst – sie kommt. Und sie geht. Hoch. Runter. Stark. Schwach.

Darauf darfst Du Dich verlassen.

Lachen und Weinen

Du wirst weinen, aber Du wirst auch wieder lachen. Du kannst nicht nur traurig sein. Und nicht nur fröhlich.

Vielleicht kennst Du diese Situationen, in denen „man nicht lacht". Das kann zum Beispiel auf einer Beerdigung sein, bei der die Blasmusikgruppe wegen der Kälte auf dem Friedhof total falsch spielt. Oder der Pfarrer, der vergessen hat, sein Taschentuch richtig wegzustecken. Du bist todtraurig und musst dennoch lachen.

Oder ein Moment, in dem Du von etwas berichtest, was unglaublich lustig war. Du lachst und lachst, so wie Du lange nicht gelacht hast – und im Lachen beginnst Du plötzlich zu weinen. Vielleicht, weil sich alles gelöst hat oder weil Dir die Tragik des Augenblickes bewusst wird. Du beginnst, tief und herzergreifend zu weinen.

Lachen und Weinen gehören zusammen. Nicht immer in der gleichen Stunde, selten in der gleichen Tageshälfte. Aber je länger das eine Gefühl auf sich warten lässt, desto sicherer kannst Du sein, dass es schon direkt vor der Tür steht und nur noch auf einen günstigen Moment wartet, den Klingelknopf zu drücken.

Darauf kannst Du Dich verlassen.

Geben und Nehmen

Eine weitere Sicherheit in dem ganzen Drama des Lebens ist die Gesetzmäßigkeit vom Geben und Nehmen. Niemand muss nur geben, niemand wird nur nehmen. Sicher gibt es Lebensläufe und Beziehungskonstellationen, die dem komplett widersprechen. Aber dann ist dort etwas geschehen, was die natürliche Balance eingebüßt hat. Oder eine oder beide haben sich entschieden, in einem Ungleichgewicht zu leben. Wenn Du aber grundsätzlich frei bist, zu geben – und dies ohne Hintergedanken – dann wirst Du auch nehmen können.

In Zeiten großer Krisen, zum Beispiel in der Trauer, ist man mehr auf die Möglichkeit des Nehmens angewiesen: dass Dir jemand zuhört; dass Dich jemand auch nach fünf Monaten noch fragt, wie es Dir mit der Trauer geht; dass einer für Dich kocht, wenn Du kaum noch Hunger hast.

Hast Du Dich vorher in Deinem Leben um andere Menschen gekümmert und bist für sie da gewesen, wirst Du in Deiner schweren Zeit Hilfe bekommen. Vielleicht musst Du fragen, vielleicht kommt Dir nicht alles immer gleich ins Haus geflogen. Aber Du kannst darauf vertrauen, dass Du immer wieder eine helfende Hand gereicht bekommen wirst.

Darauf kannst Du Dich verlassen.

Reden und Schweigen

Manchmal begegnen wir einander im Gespräch – so als wenn all die Worte, die wir sagen, einen Fluss bilden. Einer sagt etwas und der andere ergänzt. Dann wieder redet eine mehr und die andere hört zu. Man kann Abende oder ganze Tage damit verbringen, ein-ander mitzuteilen und zuzuhören und im Gespräch die schönsten Spaziergänge zu erleben. Und dann wieder merken wir, dass jedes Wort zu viel ist. Dass wir uns danach sehnen, dass unser Gegenüber einfach nur bei uns ist – keine Fragen stellt und nichts sagt. Nichts beschönigt, nichts klein redet und genauso wenig alles dramatisiert. Und dass auch wir schweigen können.

Diese Unterschiede erlebst Du vermutlich jetzt schon in Deinem Alltag. Mal brauchst Du das eine, mal das andere. Es hat etwas damit zu tun, in welcher Situation Du Dich befindest und was Dir in genau diesem Moment hilft.

Und hier kannst Du jetzt schon anfangen, Dich selbst zu beobachten. Wann brauchst Du Gespräch und Trost – und wer kann Dir das geben? Was bedeutet eigentlich Trost für Dich? Und zuhören?

Und dann wiederum frag Dich doch mal, wann Dir die Stille gut tut – allein oder auch in Gesellschaft.

Ich denke an das gemeinsame Sein, voller Vertrauen und Rücksichtnahme, in der es keine weiteren Worte braucht, in der nur die Anwesenheit zählt.

Wer kann Dir so etwas – außer der geliebten Person – sein und geben? Mit wem könntest Du das einüben? Und zu welchen Zeiten brauchst Du es ganz besonders?

Sicher kannst Du jetzt noch nicht sagen, wann Du das eine oder das andere brauchen wirst. Du kannst aber davon ausgehen, dass es von beidem etwas sein wird. Und Du kannst darauf vertrauen, dass Du beides durch andere Menschen bekommen wirst.

Vielleicht musst Du dieses Bedürfnis erklären und einholen. Vielleicht musst Du vorgehen und zeigen, was Du brauchst.

Dass es beides (und viele Nuancen dazwischen) gibt und dass Du Dich in beidem wiederfinden wirst, darauf kannst Du verlassen.

Was Ihr füreinander seid

Diese Verlässlichkeit ist ein bisschen herausfordernd. Sie geht in die gleiche Richtung wie das Erinnern an gemeinsame Momente und die empfundene (und ausgesprochene) Dankbarkeit der Person gegenüber, die sterben wird.

Als erstes lade ich Dich ein, an all das zu denken, was ich Dir am Anfang schon vorgeschlagen habe: das, was Dein Gegenüber für Dich bedeutet und für Dich besonders macht.

Wenn Du das wieder hervorgeholt hast, lade ich Dich ein, mal an all das zu denken, was DICH für den anderen besonders macht. Wofür bekommst Du Komplimente oder tiefen Dank? Was tust Du, dass der andere mehr Freude und Erfüllung in seinem Leben hat?

Wenn Du auch das aufgeschrieben hast, lade ich Dich ein, alles zusammen zu packen und darüber nachzudenken, was Euch beide in Kombination so bedeutsam macht. Was könnt Ihr zusammen so gut? In welchen Momenten habt Ihr Eure besondere Verbindung? Welche Art, Witz oder Ebene habt Ihr beide, die nur Ihr miteinander teilt?

Wenn Du all das verinnerlicht hast (Du kannst das auch mit der Person gemeinsam machen), empfehle ich Dir, genau das aufzuschreiben. Oder zu zeichnen. Singen geht natürlich auch. Festhalten ist aber in jedem Fall meine Empfehlung.

Denn: diese Besonderheit bleibt. Auch, wenn dieser Mensch gestorben ist. Es gibt das Gefühl, es gibt die vielen Situationen, an die Du Dich erinnern kannst. Und diese „Konstellation" darfst Du fest in Deinem Herzen behalten und musst sie nie wieder hergeben.

Darauf kannst Du Dich verlassen.

Zurück zu Dir ...

Du hast sicherlich gemerkt, dass es in diesem Buch zwar um den Verlust des anderen geht, es sich aber eigentlich die ganze Zeit um Dich dreht.

Es geht um DICH und die Angst und wie Du ihr begegnen kannst. Es geht um DICH und denjenigen, den Du liebst. Und dann geht es um DICH und das, was in Deinem Leben bleibt. Kurzum: es geht um DICH.

Und genau diesen Blick möchte ich noch kurz mit Dir beibehalten. Du bist es, die durch diese Zeit geht. Du bist jetzt und Du bist auch in dem Verlust. Vielleicht fühlt es sich zeitweise so an, als wenn Du auch Dich verlieren würdest – oder schon verloren hast. Das ist normal, das kann passieren. Wenn Du Dir aber genug Zeit und Raum gibst, dann hast Du alle Möglichkeiten, um wieder zu Dir zu finden. Und damit eine weitere Verlässlichkeit.

Manchen Menschen fällt es ganz leicht, sich Zeit für sich zu nehmen. Sie brauchen das regelmäßig, um sich überhaupt auf andere einlassen zu können. Dann gibt es die, die ungern allein sind und die sich am wohlsten fühlen, wenn sie von Gesellschaft umgeben sind. Ob Du der einen oder der anderen Gruppe angehörst oder ob Du mittendrin bist – jemanden zu verlieren bedeutet, nach dem Verlust allein zu sein. Nicht immer, nicht überall – aber eben dort, wo vorher der andere gewesen ist. Und auch, wenn man diese Lücke so schnell wie möglich wieder schließt und sich einen neuen Partner sucht, der die Leere ausfüllen soll, so wird diese neue Person immer ein „Ersatz" bleiben. Der gestorbene Mensch ist nicht mehr da.

Eine Möglichkeit, mit dem ganzen Verlust besser umgehen zu lernen ist, sich bewusst schon jetzt in Zeiten des Alleinseins zu begeben.

Was Dir das bringen soll?

Es gibt viel, was Du dadurch lernen kannst. Wenn es um Verlust und die Angst geht, dann möchte ich drei Konsequenzen beschreiben:

1. Du reflektierst und verortest Dich neu. Wenn alles um Dich herum still ist und Du nur mit Dir selbst konfrontiert bist, kannst Du wahrnehmen, was Du eigentlich denkst und fühlst. Solange das Umfeld um Dich herum „lärmt" – das heißt, jemand Dir sagt, was Du tun sollst, was Dir zu Deinem Glück fehlt und wo Du falsch liegst, kommst Du schlecht an Deine eigenen Gefühle und Gedanken heran. Das ist so, als wenn den ganzen Tag das Radio läuft und Du keine Möglichkeit bekommst, Deine Lieblingsmelodie zu summen (bei dem Sender wird sie auch nie gespielt). Erst wenn das Außen still ist, kannst Du in Dich hinein hören und feststellen, was eigentlich in Dir drinnen los ist.

2. Du triffst Deine Bedürfnisse Wenn Du gespürt hast, was alles in Dir bebt und arbeitet, kannst Du im Alleinsein herausfinden, welche Bedürfnisse Du hast. Ist es Ruhe? Oder Gemeinschaft? Willst Du etwas tun oder ist Dir eigentlich danach, einen ganzen Tag im Bett zu verbringen? Wenn Dir keiner mehr reinredet und sagt, was Du brauchst, bekommt Dein Herz eine Chance, es Dir zu sagen.

3. Du begreifst, dass Du auch ohne ein Gegenüber leben und atmen kannst. Je mehr Dir das Alleinsein gelingt, desto deutlicher wirst Du spüren, dass Du auch ohne Deine geliebte Person sein kannst. Das ersetzt niemals den Verlust. Aber es zeigt Dir, dass Dein Leben auch mit Dir allein funktionieren kann. Vielleicht erstmal nur 5 Minuten, ja. Und die sind es wert.

Wie Du auch mit dem Alleinsein umgehst und wie leicht oder schwer es Dir fällt, ich lade Dich ein, Dir regelmäßig Zeit mit Dir selbst zu nehmen. Die Übungen in den vorherigen Kapiteln sind schon Möglichkeiten, mit Dir selbst zu sein. Ich stelle Dir dennoch drei weitere vor, die sich auf ein Mit-Dir-Sein konzentrieren.

Solltest Du merken, dass Dir das Alleinsein schwerfällt, dann überfordere Dich nicht. Mach eine Übung erstmal nur 5 Minuten. Gib Dir Zeit.

Muss es für das Alleinsein um Dich herum unbedingt komplett still sein oder kann man das auch im Kaufhaus üben?

Fang dort an, wo es Dir am leichtesten fällt. Wenn Du Dich allein in einen Park setzt und umgeben von anderen besser fühlst, dann tu das. Wenn Du bewusst in einem Konzert, umgeben von Hunderten anderen sein möchtest, dann ist das auch eine Möglichkeit allein zu sein.

Du wirst vermutlich bei den folgenden Übungen merken, dass ein stilles Umfeld sich mehr eignet, um in sich hineinzuspüren und zu hören, was Du brauchst. Sobald Du Dich dafür bereit fühlst, würde ich empfehlen, Dir ein ruhiges Umfeld zu suchen.

Eines noch: es kann sein, dass Du bei den ersten Gehversuchen mit Dir allein eine große Leere empfindest. Dass es sich anfühlt, als wenn Du bis eben noch ein Feuerwerk voller Gefühle in Dir hattest und nun plötzlich nichts mehr da ist. Leer, komplett. Das ist normal. Ähnlich wie bei der Übung mit den Erinnerungen kann es sein, dass Dein Herz zunächst von der neuen Stille und dem Alleinsein überfordert ist. Und dass es Dich schützen will, weil es weiß, dass Du viele unterschiedliche Gefühle und Gedanken in Dir drinnen hast. Und dass diese behutsam angeschaut werden müssen, weil sie Dich vielleicht traurig machen. Oder wütend. Oder verzweifelt.

Auch hier kann es das Beste sein, das erstmal anzunehmen. Der Leere Hallo zu sagen und sie einzuladen, zu bleiben. Oft geht sie dann von selbst, weil es ihr zu langweilig ist.

Dich selbst umarmen

Hast Du das schon mal gemacht: Dich selbst umarmt? Vielleicht schüttelst Du nun mit dem Kopf und findest, dass das WIRKLICH ein bisschen komisch ist. Vielleicht denkst Du auch, dass umarmen nicht allein geht, so wie küssen. Vielleicht hast Du es aber auch schon ein paar Mal gemacht und weißt, dass Berührung das sogenannte Kuschelhormon Oxytocin auslöst und dass das auch mit Selbstumarmen funktioniert.

Die eigene Berührung löst aber nicht nur eine körperchemische Reaktion aus, sie vermittelt zusätzlich Deinem Herzen und Dir das Gefühl von Dasein und Verbundenheit. Du kannst Dich also selbst bei Dir verankern und Dir zeigen: ich bin weiterhin da, trotz …

Wie das geht? Setz Dich an einen Ort, an dem Du Dich wohl und ungestört fühlst. Und nun lege beide Arme jeweils auf und um die andere Körperseite. Du kannst auch Deinen Kopf leicht nach links oder rechts neigen. Zur Unterstützung des Umarmungsgefühls kannst Du Dir auch vorher eine Decke umlegen. Damit hast Du Dir einen eigenen Schutzraum gebaut. Umarm Dich so lange, wie es sich gut anfühlt. Du kannst die Augen schließen und Dich an einen Ort denken, der Dir zusätzlich noch ein Gefühl von Ruhe und Geborgenheit gibt.

Zeitreise zu Dir

Um bei Dir anzukommen und in Verbindung zu Dir zu kommen, kannst Du eine kleine Zeitreise unternehmen. Du suchst Dir etwas, das Dich in einer anderen Lebenszeit zeigt. Ein Fotoalbum, ein Tagebuch, Dein Poesiealbum aus der Schule, einen Ordner auf dem Computer mit Bildern einer bestimmten Reise oder alte Einträge auf Deinem Facebook-Konto – etwas, das Dich in einer anderen Zeit als jetzt zeigt. Es kann verbunden sein mit der Person, die Du so liebst, besser ist aber eine Lebensphase, in der der andere eine kleine oder keine Rolle spielte.

Setz Dich hin, lies und/oder schau Dir alles sorgsam an und frag Dich, wer Du damals gewesen bist. Welche Träume und Wünsche hattest Du? Was hat Dir damals Angst gemacht?

Und: was würdest Du der Person von damals heute mit auf den Weg geben?

Lass Dich ein auf eine Reise, träum Dich dorthin und zurück, vielleicht noch in eine ganz andere Zeit.

Wichtig ist, dass Du Dich auf Dich konzentrierst. Du stehst im Fokus, es geht um Dich.

Deine Musik hören

Musik kann uns sofort in die unterschiedlichsten Stimmungen bringen. Sie kann uns bewegen. Und sie kann dafür sorgen, dass wir ruhig werden und bei uns ankommen.

Für diese Übung ist es nur wichtig, dass Du eine Musik aussuchst, die Dir guttut und bei der Du das Gefühl hast, dass Du „ankommst". Das heißt, dass Du jetzt an diesem Ort bleiben willst und Dich auf die Klänge einlassen möchtest.

Diese Musik kannst Du schon als Kind gehört haben. Genauso geht aber auch die Lieblingsplaylist, die bei Dir gerade rauf und runter läuft. Jedes Gefühl, das kommt, darf sein. Wichtig ist, dass Du Zeit und Raum hast, alles, was hochkommt, sein zu lassen.

Natürlich kannst Du, wenn Du ein paar traurige Sachen gehört hast, nach einer Weile bewusst zu etwas Fröhlichem wechseln. Oder umgekehrt. Du kannst auch tanzen, wenn Du merkst, Du fühlst Dich danach.

Was braucht es jetzt eigentlich, um zu überleben?

Du hast nun viele Gedanken und Vorschläge zu Deiner Angst vor dem Verlust eines geliebten Menschen gelesen und ich hoffe, dass Du Dich wiederfinden und Deiner großen Angst begegnen konntest.

Du hast eine Idee davon bekommen, was Du JETZT machen kannst. Als Vorbereitung. Als Begleitung durch die Tage und Wochen.

Dennoch gehst Du davon aus, dass alle Theorie irgendwann Praxis wird. Natürlich kann es auch genau andersherum kommen und Du stirbst zuerst. Aber darüber denken wir heute nicht nach. Du befürchtest den Augenblick, dass Deine Liebste stirbt.

„Was mache ich dann?" fragst Du.

Was Du genau machen und wie Du reagieren wirst, kann ich Dir nicht sagen. Ich kann Dir aber empfehlen, dass Du mit anderen Menschen über Deine Sorge vor Deiner Reaktion sprichst. Fragst, ob sie dann eine Couch zum Übernachten für Dich haben. Oder ob jemand Suppe kocht und Schokolade bringt.

Du kannst Dir auch Bücher zum Thema Trauer kaufen und Kontakt mit einem Trauerbegleiter aufnehmen. All das kann Dir schon mal eine Idee von dieser Zeit geben. Und vielleicht wirst Du ruhiger, weil Du merkst: schon viele andere Menschen haben einen großen Verlust überlebt. Sicher mit Schrammen und bestimmt eine Zeitlang schwach, aber am Ende sind die meisten wieder aufgestanden.

Darauf kannst Du Dich verlassen.

Hier. UND. Jetzt.

Und hier kommt mein letzter Gedanke für Dich. Wenn all das Bangen nicht weg geht, wenn Du merkst, dass jeder Plan Z zwar schön aussieht, Dir aber nicht richtig hilft, dann:

Komm zurück ins Jetzt.

Das funktioniert ganz gut, wenn Du Dich kurz hinsetzt, die Augen zumachst und auf Deinen Atem hörst. Nichts steuerst, sondern nur zuhörst. Und dann hörst, was noch für Geräusche um Dich herum sind. Das Ticken der Uhr. Der Rasenmäher des Nachbarn. Und dann riech mal, welcher Duft gerade in der Luft liegt. Kocht jemand irgendwo? Und wie warm ist es? Spürst Du einen kleinen Windhauch auf Deinem Unterarm? Wo liegt Deine rechte Hand? Merkst Du den Unterschied der Struktur Deines Pullovers und der Jeans? Ist die linke Hand kälter als die rechte?

Nimm Dir Zeit, um wahrzunehmen, was jetzt in diesem Moment um Dich herum ist. Wenn trübe oder hibbelige Gedanken kommen und Dich zum Grübeln einladen wollen, dann sag ihnen freundlich Hallo und lass sie wieder abdampfen.

Du sitzt jetzt da und das ist alles, was Du zu tun hast.

Du bist hier. In diesem Moment ist alles gut. Du lebst, Du atmest und das ist das, was Du genau jetzt brauchst.

„War's das", fragst Du nun? „War das alles, was Du mir im Umgang mit der Angst an die Hand geben kannst?"

Ja, das ist alles, was ich Dir heute und mit diesem Begleiter geben möchte.

Ich höre hier auf, weil ich weiß, dass vieles von dem, was ich nicht geschrieben oder beantwortet habe, bei Dir liegt. Du kennst Dich selbst am besten und Du weißt, was Du brauchst.

Wie viele Tipps und gute Worte ich Dir auch mit auf den Weg gebe: losgehen, treffen, anschauen, weinen und lachen – das muss Du selbst tun.

Mit der Angst umzugehen bedeutet auch immer, dass wir für uns selbst sorgen und das kann ich leider nicht für Dich übernehmen.

Aber ich bin mir sicher, dass es Dir gelingen wird.

Versprochen.

Amöna Landrichter

Jahrgang 1982 ist Sozialarbeiterin und
Sozialtherapeutin. Sie hat mehrere Jahre
die Zentrale Anlaufstelle Hospiz in Berlin
geleitet.

Seit 2022 begleitet sie in einem stationären
Hospiz – am Vänersee, Schweden – Sterbende
und ihre Angehörigen in der letzten Lebensphase
und durch die Zeit der Trauer.

Zusätzlich arbeitet sie als freie Illustratorin und
Therapoetin.

www.amoena-landrichter.com

Manche Gedanken und Gefühle möchten sofort festgehalten werden. Sie wollen einfach eine Weile bleiben. Oder mit Dir ein paar Minuten diskutieren. Oder sie kommen, um Dir Mut zu machen.

Was auch immer es ist – auf den kommenden drei Seiten findest Du Platz dafür.